Une baballe
Le Cambusier
Un goéland
Un navire
WOUF
CAVE CANEM
1770
Un doublon
Le pavillon noir
Un tatouage
Le Calfat
La grande roue
Le Moucheur
Un mousquet
Un nonosse

Ce livre
appartient à:

Des mêmes auteurs à *l'école des loisirs :*

Collection ALBUMS

Les chiens pirates. Prisonniers des glaces !

Collection MOUCHE

Chère Bertille et la Lune en gruyère
Chère Bertille au centre de la Terre
Chère Bertille à bord du Redoutable

Les chiens pirates sont nés un jour de novembre, au café « Le Mord'eau » du Port du Bec, tandis qu'au dehors soufflait la tempête.

Loi numéro 49 956 du 16 juillet 1949 sur les publications
destinées à la jeunesse : mars 2019
Dépôt légal : août 2021
Imprimé en France par Pollina à Luçon - 99293
ISBN 978-2-211-23812-0

Une histoire écrite et dessinée par
Clémentine Mélois & Rudy Spiessert

Les Chiens

PIRATES

Adieu Côtelettes !

l'école des loisirs
11, rue de Sèvres, Paris 6e

RZZZZZRR
RZZZZ
BRZZZ

Lundi

C'était l'heure de la sieste sur le navire des chiens pirates.
On n'entendait pas un bruit, à part les ronflements des chiens pirates
qui faisaient un somme, tranquilles, pépères, bercés par le roulis.

C'est la grosse voix du cambusier qui les réveilla en sursaut :
« J'en ai plus qu'assez. Il n'y a que moi qui travaille ici, ma parole !
Qu'est-ce qui m'a fichu un pareil équipage de pirates en carton ! »
Aussitôt, tous les chiens furent sur leurs pattes, faisant semblant d'être très occupés.

Bien sûr qu'ils étaient des pirates ! Les plus redoutables pirates des mers du Sud, la terreur des cinq océans, la pire canaille ayant jamais navigué ! « Très bien, alors dans ce cas, comportez-vous en pirates ! Je ne sais pas, moi, trouvez-vous un navire à attaquer, pillez-le et ramenez-moi de quoi faire un bon ragoût. »

Les chiens pirates furent drôlement impressionnés. Leur amour-propre avait été froissé, et puis ils avaient soudain très envie d'un bon ragoût. Ils décidèrent donc d'attaquer un navire sur-le-champ.
Par chance, sur la ligne d'horizon brillait un petit point blanc.
Le gabier prit sa longue-vue, souffla sur sa frange et regarda : c'était un navire, un navire immense, avec trois mâts et une figure de proue en forme de sirène.

C'était une excellente nouvelle, les chiens pirates étaient tout à coup très heureux.

Ils mirent un certain temps à rejoindre le navire.
Lorsqu'ils arrivèrent, ils étaient gonflés à bloc, de bonne humeur, confiants, leur sabre brillant au soleil, une belle plume d'autruche piquée dans leur chapeau (parce qu'on peut être un chien pirate et rester néanmoins élégant).

Sur la dunette avant du grand navire était dressée une jolie table pleine de bonnes choses, avec des tas de biscuits dorés, une théière, un sucrier, des petites cuillères, du cake aux fruits et, autour de tout cela, trois petites filles très sages, aux joues roses, qui prenaient le goûter. Toutes les trois étaient capitaine du grand navire chacune leur tour.

Avant de poursuivre notre histoire, je vais les laisser se présenter :

Où en étions-nous ? Ah oui : Les chiens pirates sont en train de partir à l'abordage. Ils lancèrent leurs grappins et sautèrent sur le pont comme des chefs.

N'importe qui aurait été pétrifié de terreur à la vue de ce terrible équipage. Mais les trois petites filles, elles, interrompirent simplement leur conversation et les fixèrent d'un air interrogateur.
« C'est pour quoi ? » demanda Fanny Bertin.
Les terribles chiens pirates n'en revenaient pas.
Quelques cris, voire un évanouissement, auraient été un minimum.
Là, rien du tout. C'était tout de même vexant.

Après un moment de flottement, le canonnier, qui avait la plus grosse voix, finit par dire :
« C'est un abordage. Donnez-nous vos gâteaux, et plus vite que ça ! »

Alors là, les chiens pirates ne s'attendaient pas du tout à ça. Ils n'allaient quand même pas repartir les pattes vides ! Il fallait vite reprendre les choses en main.
Le mousse, qui était jeune et aventureux, s'avança d'un pas en brandissant son sabre.

« Assis ! » répondit Germaine Didry.
À ces mots, sans comprendre ce qui leur arrivait, les chiens pirates posèrent leur derrière sur le pont, d'un seul et même mouvement, en faisant cliqueter leurs sabres. (C'est qu'avant de s'engager dans la flibuste, tous avaient été bien élevés dans leur jeunesse).

Décidément, rien ne marchait comme il aurait fallu.
C'était très décevant.
Le calfat, qui était sentimental, se mit à pleurer.
« Ooooh, pauvre petit chou ! » s'attendrit Germaine Didry.
« Tiens », dit-elle en lui tendant un petit-beurre.
« Ça, c'est un bon chien. »
Puis les petites filles se resservirent du jus d'orange et reprirent leur conversation sans plus se soucier d'eux.

Le calfat, qui avait séché ses larmes, sourit de toutes ses babines et hurla en brandissant le petit-beurre :

Tous les autres se mirent à sautiller sur place en poussant des cris de joie. Ils avaient réussi à trouver quelque chose à manger ! Aha ! C'était bien eux les meilleurs. Les plus redoutables pirates des mers du Sud, la terreur des cinq océans, la pire canaille ayant jamais navigué !
Quand ils revinrent à bord de leur bateau, le cambusier les attendait sur le pont.
« Alors ? » demanda-t-il.

«Aaaah, très bien! Montrez-moi un peu ce que vous avez ramené!» dit le cambusier.
Tous les regards se tournèrent vers le calfat.
C'était à lui que Germaine Didry avait donné le petit-beurre.
Les chiens ne savent pas rougir. Mais le calfat prit un air très gêné, les oreilles et la queue basses, la truffe humide. Hélas! Il n'avait pas pu s'empêcher de manger le petit-beurre.
Le cambusier poussa un gros soupir.

Alors, les chiens pirates se sentirent très fatigués.
Ils retirèrent leurs bottes, qui serraient un peu, posèrent leurs grands chapeaux et regardèrent l'océan.
Un peu plus loin voguait le navire des petites filles, plein de cakes aux fruits et de sucre roux. Demain, c'est sûr, ils arriveraient à prendre tout cela et ils feraient un festin grandiose en chantant des chansons.
Après tout, n'étaient-ils pas les plus redoutables pirates des mers du Sud, la terreur des cinq océans, la pire canaille ayant jamais navigué ?
Sur ces bonnes pensées, leurs yeux se fermèrent et ils s'endormirent.

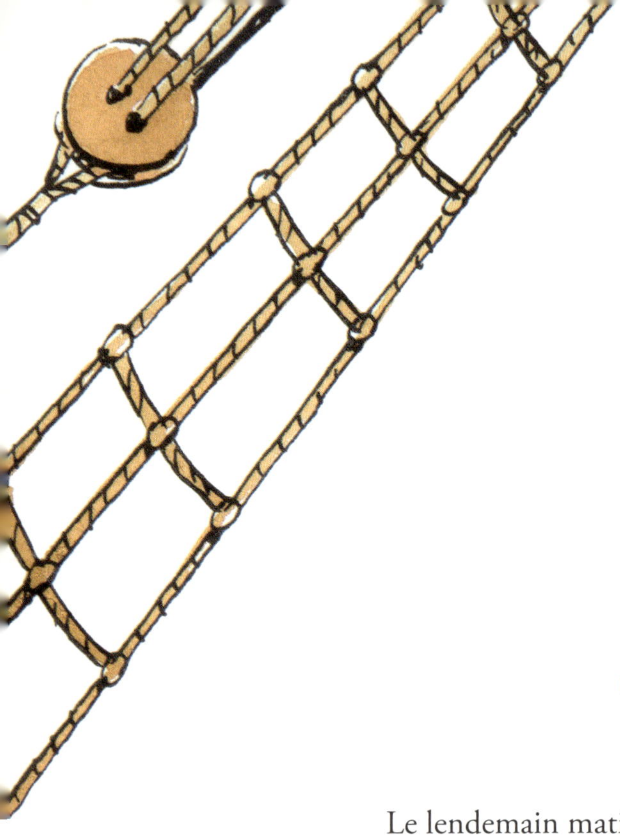

Mardi

Le lendemain matin vers midi, quand ils se réveillèrent, les chiens pirates se sentaient tout à fait d'humeur à conquérir le monde. Il ne restait plus qu'un paquet et demi de croquettes pour finir la semaine, mais il faisait beau et les choses ne pouvaient que s'arranger. Pour commencer, il fallait piller ce bateau plein de petites filles. Ils s'harnachèrent, bottes, chapeaux, dagues, coutelas, mousquets, sabres et crocs, respirèrent un bon coup et partirent à l'abordage avant même d'avoir pris leur petit déjeuner.

À l'abordage !

Le trois-mâts des petites filles était décoré de pavillons multicolores.
Toutes les trois étaient en pleine séance de déguisement.
Les chiens pirates sautèrent sur le pont dans la ferme intention
de réussir leur coup. Les petites filles ne les remarquèrent même pas.

« Hrem hrem », finit par toussoter le timonier.
« Oooh, mais ce sont nos petits amis d'hier ! » s'écria Justine Caumont. « Qu'ils sont mignons, avec leurs petits pistolets ! »
« Mais ce qu'ils sentent mauvais ! » dit Fanny Bertin.
« Un bon bain ne leur ferait pas de mal. »
Les chiens pirates frémirent d'horreur.

Il fallait fuir, et plus vite que ça !

Mais ils n'en eurent pas le temps. Les petites filles les attrapèrent un par un et ce fut le pire spectacle que vous puissiez imaginer. Pire que dans le pire cauchemar de n'importe quel chien, même pas pirate.
Chacun d'eux fut lavé à fond, savonné, frictionné, rincé.
On leur nettoya même l'intérieur des oreilles ! Quelle horreur !
Les fillettes s'étaient bien amusées et furent très fières du résultat.
Voilà qui était mieux. Ça sentait un peu moins le sanglier.

Mais les chiens pirates, eux, n'étaient pas contents du tout. Ils sentaient le vilain gel douche et en plus, ils n'avaient toujours rien à manger.

« Tiens mon canard ! » dit Justine Caumont en tendant un petit flacon au gabier. « C'est du parfum à la vanille, comme ça, maintenant, tu sentiras toujours bon ! »
« VICTOIRE ! » hurla le gabier en brandissant la fiole.
Il ne savait pas trop ce qu'était du *parfum à la vanille*, mais ça devait forcément avoir un rapport avec la *glace à la vanille* (qui, comme chacun sait, est le meilleur dessert au monde).

Les chiens pirates oublièrent aussitôt leurs malheurs et se mirent à sautiller sur place en poussant des cris de joie.
Aha ! C'était bien eux les meilleurs. Les plus redoutables pirates des mers du Sud, la terreur des cinq océans, la pire canaille ayant jamais navigué !
Une fois rentrés à bord de leur bateau, le cambusier les regarda bizarrement.
« Alors ? » demanda-t-il.
« VICTOIRE ! » dirent les chiens pirates en lui donnant le flacon.

Le cambusier n'eut pas l'air très enthousiaste. Il poussa un gros soupir et leur expliqua en articulant bien que le *parfum à la vanille* n'a RIEN À VOIR avec la *glace à la vanille*, espèces de **** à la *** de **** (ma maman m'a interdit de dire des gros mots, alors je préfère ne pas répéter ici tout ce qu'il a dit).

Les chiens pirates étaient très déçus. Ils retirèrent leurs bottes et leurs chapeaux, puis ils se couchèrent en jurant que le lendemain, nom de nom, ils y retourneraient et que cette fois serait la bonne, parole de chien pirate.

Mercredi

Le lendemain, les chiens pirates se réveillèrent dès l'aube, à l'heure où blanchit la crête des vagues, vers onze heures et demie.
Une longue journée les attendait.
Malgré tous leurs efforts, une désagréable odeur de savon flottait encore dans l'air, ce qui leur rappelait l'affreux bain de la veille.
Aaaah, vraiment, quelles vilaines petites filles !

Il ne restait à présent qu'un seul paquet de croquettes et il faudrait bien se passer de petit déjeuner.
Ils remirent leurs bottes en traînant des pattes et s'apprêtèrent mollement à partir au travail.

Lorsqu'ils arrivèrent sur le trois-mâts des petites filles, ils les trouvèrent très occupées à empiler des morceaux de bois. Certaines constructions étaient déjà hautes, l'ensemble faisait comme une ville miniature, avec des ponts, des immeubles et des tours.
Tout cela était bien mystérieux.

Depuis la veille, les chiens pirates étaient devenus prudents. Cette fois-ci, ils avancèrent sur la pointe des pattes le plus silencieusement possible, pour faire peur aux petites filles en les attaquant par surprise, comme des loups.

Mais la queue du calfat se prit dans une des tours. Et le mousse buta contre un pont. Et le sabre du timonier, qui dépassait, fit tomber tout un immeuble! SBLAM!
C'était l'arrivée discrète la plus ratée de tous les temps.

«Aaaah, mais c'est les toutous! Bonjour, mes petits poussins!» s'écria Justine Caumont.
Les chiens pirates s'immobilisèrent. Leur plan, encore une fois, était tombé à l'eau. Tout était fichu. Ils n'avaient plus qu'à rentrer chez eux, se coucher et attendre la mort.
Germaine Didry rigola en voyant leur tête. Elle ramassa un bout de bois et l'agita sous leur truffe.
«Qu'est-ce que c'est, ça? Kèskeussé? Hein? Kèskeussè?»
Dans l'instant, les chiens pirates oublièrent tous leurs soucis. L'œil vif, la truffe aux aguets, ils regardaient bouger le bâton. Hop, Germaine Didry le jeta par-dessus bord.

Tous sautèrent à l'eau pour l'attraper. Ils nagèrent le plus vite possible, burent un peu la tasse, firent la course… Jamais ils ne s'étaient autant amusés. C'est le calfat qui finit par attraper le bout de bois.

Tout le monde était très content. Quelle formidable après-midi !
C'est sûr, c'était eux les meilleurs. Les plus redoutables pirates des mers du Sud, la terreur des cinq océans, la pire canaille ayant jamais navigué !
Ils rentrèrent à bord trempés comme des soupes mais enchantés.

Le cambusier avait l'air un peu fatigué.
« Alors ? » demanda-t-il.

Le cambusier secoua longuement la tête et soupira.

Alors, les chiens pirates vidèrent l'eau de mer qu'il y avait dans leurs bottes, retirèrent les bouts d'algues coincés dans leurs oreilles et étendirent leurs vêtements sur la corde à linge. Ensuite, après tous ces efforts, ils n'eurent droit qu'à une toute petite gamelle de croquettes. C'était bien triste.
Demain, s'ils ne trouvaient pas quelque chose à manger, il n'y aurait plus de croquettes du tout. Ils se sentaient bien malheureux et quand il fut l'heure d'aller au lit, ils s'endormirent aussitôt d'un sommeil sans rêves, noir comme de la réglisse.

Jeudi

Le lendemain matin, la brise s'était levée. Le navire roulait sur les vagues, les haubans grinçaient et la grand-voile claquait dans le ciel bleu tout lavé de nuages.
La première chose que firent les chiens pirates en se réveillant, c'est vérifier si le trois-mâts des petites filles était toujours à proximité.

L'heure était grave. Il ne restait maintenant plus qu'un demi-paquet de croquettes. Déjà, leur pantalon tombait et ils avaient le ventre qui gargouillait.
La matinée commençait mal. Sur la corde à linge, leurs habits n'étaient pas secs. Leurs sabres avaient rouillé. Leurs bottes, elles, étaient encore pleines d'eau de mer et faisaient « floutch floutch » à chaque pas.

Ils trouvèrent les petites filles occupées à régler les boutons de gros objets bizarres et inconnus. Les chiens pirates étaient curieux.
Ils s'avancèrent un peu pour regarder ça de plus près.
À cet instant, un bruit épouvantable se mit à sortir des bizarres objets inconnus. Ça criait et ça grattait, ça vibrait et ça crachouillait.

Chilovziou yéyéyé chilovziou yéyéyééé
BONBATANPI
Marshmallow

Les chiens pirates se mirent à hurler à la mort.

Leurs oreilles vrillaient comme des torpilles. S'ils restaient une seule minute de plus, c'est sûr, leur tête allait éclater comme une pastèque tombée d'un camion, fondre comme une plaquette de beurre au soleil. Vraiment, c'était terrible.
Ils fuirent aussi vite qu'ils le purent.

Le cambusier ne trouva rien à leur dire.
Ce soir-là, ils mangèrent sans joie les toutes dernières croquettes puis s'endormirent sans dire un mot. Dans le ciel étoilé, la lune brillait comme une ampoule. Au loin, les petites filles chantaient.

Vendredi

Il y eut un soir, il y eut un matin et ce fut le cinquième jour. C'est la faim qui réveilla les chiens pirates. Une faim de loup, une faim d'ogre, une faim d'affamé. Leur ventre gargouillait affreusement, mais il n'y avait plus rien du tout à manger. Même le cambusier avait l'air déprimé.

GRLGLLGL
GRLLGRLLGL

Alors qu'ils s'apprêtaient à partir, le timonier arrêta ses camarades.

Les autres trouvèrent que c'était une drôlement bonne idée.
Ils s'entraînèrent aussitôt à faire les pires grimaces.

Au bout d'un moment, tout le monde fut fin prêt.
Le canonnier avait même réussi à prendre une figure si terrible que le calfat avait failli pleurer.
Ils s'apprêtaient enfin à partir quand le gabier poussa un cri : le trois-mâts des petites filles avait disparu très loin sur l'horizon ! C'était fichu pour l'abordage. C'était fichu pour le petit déjeuner, le déjeuner, le goûter, le dîner et le souper.
Adieu côtelettes !
Le temps qu'ils les rattrapent, la nuit serait tombée et il faudrait remettre ça au lendemain.

Croquettes

Alors, le cambusier leur demanda de lui donner leurs bottes.
Il coupa celles-ci en petits morceaux, les mit à cuire dans
de l'eau bouillante avec du sel et un vieux bouillon cube.
Cela fit une soupe claire qui sentait un peu la chaussette.
C'était mieux que rien.
Comme ils n'avaient rien d'autre à faire, ils se reposèrent
jusqu'au lendemain.

Samedi

Au réveil le matin suivant, malgré une courte nuit de seize heures, les chiens pirates se sentaient reposés.
Pendant la nuit, les vents avaient joué en leur faveur et le trois-mâts des petites filles voguait maintenant à portée de grappin.

Sans chapeaux, ni bottes, ni sabres, ils n'avaient plus aussi fière allure qu'avant, mais cela n'avait plus beaucoup d'importance.
« Grggglglglglll », dit le ventre du canonnier.
« Gruglgugluglu », répondit celui du calfat.
« Grggllllglglgl », dirent tous les autres ventres en se coupant la parole.
Il était plus que temps de retourner chercher l'aventure (et de quoi calmer ces estomacs trop bavards).

Sur le bateau d'en face, les petites filles lisaient.
Justine Caumont lisait Tintin, Germaine Didry lisait un roman d'aventures et Fanny Bertin lisait un magazine « Spécial patates ».
Les chiens, eux, n'avaient jamais vu un livre, ne savaient même pas lire et d'ailleurs s'en fichaient complètement.
Ce qu'ils voulaient, c'était du manger, et plus vite que ça.

« oOOoooh, mais c'est nos petits amis ! » s'écria Germaine Didry en les apercevant.
« oOOOoooOOOoh ! » dirent à leur tour les deux autres en posant leur livre.
Elles étaient très contentes de revoir les chiens pirates. La veille, elles avaient été tristes de ne pas les voir arriver.
Elles entourèrent l'équipage de chiens pirates et se mirent à leur caresser la tête et le ventre, à les gratter derrière les oreilles et sous le cou, à leur faire tout un tas de chatouilles et de sympathies.

Les chiens pirates se sentirent tout chose. Comme c'était agréable ! Ils se laissèrent glisser sur le dos et remuèrent la queue. mMMMmmmhhh ! Quel bonheur !
Ils en oublièrent toutes leurs misères des jours passés, la faim, le froid, leurs jolies bottes perdues, et ils se laissèrent aller à une bonne sieste, la tête posée sur les genoux des petites filles.

Un son strident les réveilla en sursaut.
C'était la corne de brume, le signal d'alarme de leur bateau.

« Au feu ! Un chat ! Des croquettes ! L'orage ! Les loups ! »
pensèrent les chiens pirates en sautant sur leurs pattes.
Une grande confusion régnait.
Ils reprirent leurs grappins et rentrèrent à toute vitesse à bord de leur bateau, où ils arrivèrent complètement essoufflés.
Le cambusier les attendait, la gueule toute froissée.

Les chiens pirates s'aperçurent alors que le soleil était très bas sur l'horizon.
Toute cette journée, ils l'avaient passée à dormir et à se faire gratter le ventre, et pas un instant ils n'avaient pensé à piller et à saccager le navire des petites filles, comme tout pirate digne de ce nom aurait dû faire.

Aaah… C'était vraiment eux les plus mauvais.
Les plus minables pirates des mers du Sud,
la honte des cinq océans, la pire bande de ratés
ayant jamais navigué.
Le soir tombait sur l'océan, et ils allaient finir
par mourir de faim. Ils s'assirent sur le pont
et se mirent à pleurer.

Dimanche

Le soleil chauffait fort quand les chiens se réveillèrent.
La veille ils avaient dû s'endormir d'épuisement, et ce matin ils se sentaient pire que barbouillés.
Autour d'eux, tout était immobile. Pas un souffle d'air pour gonfler les voiles. Dans le ciel, des oiseaux blancs s'amusaient.
Leur bateau s'était échoué sur une plage de sable jaune entourée de hauts palmiers. C'était une grande île.
Ils sautèrent à l'eau et rejoignirent le rivage.

C'était une bien triste équipe que ces sept chiens affamés,
sans costume, sans chapeau, sans sabre et sans bottes,
la truffe sèche, le regard vide et la queue basse.
« grgglglglglgl », crièrent leurs estomacs.
« Oh, la ferme », grogna le cambusier.
Ils s'allongèrent sur le sable et ne firent plus rien.
Tout était fichu. La mort allait les trouver là et les emporter
tous. Il ne resterait d'eux qu'un petit tas d'ossements.
Les crabes en feraient des cabanes. C'était triste à pleurer.

GRLGRGLOUGLLLOU

C’est à ce moment-là que les petites filles arrivèrent.
Leur chaloupe était chargée de malles, de boîtes et de paquets.
Elles la tirèrent sur la plage et posèrent leurs affaires en tas sur le sable jaune.
« Bonjour mes petits poussins, comment ça va aujourd’hui ? » dit Germaine Didry.
Les chiens ouvrirent un œil mais ne bougèrent pas d’un poil.
Alors, les trois petites filles étendirent une grande nappe, déballèrent les paquets et en sortirent les choses les plus merveilleuses que vous puissiez imaginer.
Et même ENCORE PLUS merveilleuses que ça.
C’est bien simple, il y avait TOUT ce dont vous pourriez rêver pour faire le plus beau de tous les réveillons.

Il y avait des tourtes et des pâtés, du poulet rôti et des patates sautées, des tartines et des gelées, des confitures bien sûr, mais aussi des gâteaux et des tartes, du fromage et du saucisson et mille autres bonnes choses encore.

Les chiens étaient tout à fait réveillés maintenant. Ils n'en croyaient pas leurs yeux. Est-ce qu'ils étaient morts, ou en train de dormir ? Tout cela était-il un rêve ?
« On mange !! » appela Justine Caumont en versant de la grenadine dans des gobelets.

Alors, l'espoir revint et ils se sentirent très heureux.
Et les plus redoutables pirates des mers du Sud, la terreur des cinq océans, la pire canaille ayant jamais navigué, coururent ventre à terre vers le somptueux pique-nique, la queue frétillante, l'œil vif, la truffe au vent.
« Tututut ! » dit Fanny Bertin. « On se lave les pattes d'abord ! »

Ce fut un festin grandiose, gargantuesque, colossal, époustouflant, superbe, gigantesque et faramineux. Tout le monde se resservit quatre fois au moins, et la limonade coula à flots. À la fin, le canonnier avait tellement mangé que ses poils sentaient la frite.

Le calfat était ému. Le mousse avait la tête qui tourne. Le gabier avait des miettes plein la frange, le timonier se curait les dents d'un air satisfait, le moucheur avait sommeil et le cambusier buvait un dernier thé au lait en discutant philosophie.

L'après-midi touchait à sa fin. Au loin, les deux navires au mouillage tanguaient doucement sur les vaguelettes. L'air sentait bon le chaud. Germaine Didry, Justine Caumont et Fanny Bertin plièrent leur serviette et partirent s'allonger à l'ombre des grands palmiers. Une fois seuls, les chiens pirates se regardèrent du coin de l'œil.

murmura le timonier.

dit le mousse de sa petite voix.

répondit timidement le moucheur.

« VICTOIIIIIIIIRE ! » crièrent alors tous les autres en se remettant sur leurs pattes et en sautillant.
AHA ! Quel triomphe ! Ils avaient fini par les avoir, ces satanées petites filles ! Leur petite baisse de moral était complètement oubliée. C'était bien eux les plus redoutables pirates des mers du Sud, la terreur des cinq océans, la pire canaille ayant jamais navigué ! Comment en avoir douté ?

Dès demain, ils repartiraient écumer les mers et semer la terreur. Là où ils passeraient, les algues ne repousseraient pas. Ils vogueraient toutes voiles dehors, ils pilleraient, ils saccageraient, ils amasseraient les plus somptueux trésors et chacun tremblerait devant leur puissance. Quel beau programme, vous ne trouvez pas ?

Fin.

Une longue-vue
Un pouic-pouic
Le Canonnier
Le Timonier
Un coffre
Une carte au trésor
Une ancre
Un sabre d'abordage
Le Mousse
Gommette
Des croquettes
Le Gabier
Des boulets
Un canon